乐高®天天搭

【美】亚历克·波斯塔 著
邢楠 译

上海译文出版社

Alec Posta
Build Every Day: Ignite Your Creativity and Find Your Flow

Produced by Chronicle Books, 680 Second Street, San Francisco, California 94107, USA, under License from the LEGO Group.

Published by Shanghai Translation Publishing House@2025

图字:09-2024-0523号

图书在版编目（CIP）数据

乐高天天搭／(美)亚历克 · 波斯塔 (Alec Posta)
著; 邢楠译. --上海: 上海译文出版社, 2025.2（2025.6 重印）
ISBN 978-7-5327-9739-4

I.G898.2

中国国家版本馆CIP数据核字第2024NB4760号

乐高® 天天搭

［美］亚历克 · 波斯塔 著　邢楠 译　责任编辑／赵平　装帧设计／柴昊洲

上海译文出版社有限公司出版、发行
网址：www.yiwen.com.cn
201101　上海市闵行区号景路 159 弄 B 座
上海中华商务联合印刷有限公司印刷

开本 720×1000　1/16　印张 6　插页 4　字数 25,000
2025 年 2 月第 1 版　2025 年 6 月第 2 次印刷
印数：3,001-5,300 册
ISBN　978-7-5327-9739-4
定价：98.00 元

激发创意　找到心流

乐高®天天搭

目录

前言

我叫亚历克·波斯塔，是一位专业的乐高搭建师。没错，真的有这种工作，大人的工作！名片什么的，我都有。

我在美国亚利桑那州乐高乐园的探索中心工作，在那里我构思、设计和搭建所有的定制乐高模型，并将它们在乐园里展示出来。我还有一家货品充足的模型店，店里有一扇很大的窗朝向乐高乐园。游客们可以在那儿看我工作，向我提问，并（但愿吧）从我的作品中获得灵感。我承认，一开始在这样一个完全透明的环境里工作，的确很奇怪，但现在我把它看作这份工作的福利之一。因为我可以跟每一位走过来的客人分享自己对于创作的热爱，鼓励那些大人小孩超越图纸去思考。支撑我一拼一整天的就是我对乐高哲学的热爱——只靠自己的头脑和几块基本款乐高积木，你就能创造一切。

从二十世纪九十年代开始，我就着手拼搭乐高积木了——那还是一个以海盗、深海探险者为标志的时代，透明、荧光绿的零件多到你不知道该怎么用。我的父母棒极了，他们非常支持我，鼓励我去搭建、去绘画，在亚利桑那沙漠中寻找带瘤节的树枝雕刻成魔杖，以任何我喜欢的方式发挥创造力。当然啦，我选择的方式就是拼搭乐高积木，而且像大多数孩子一样，我喜欢套装。我会在《乐高俱乐部》杂志上把想要的都圈出来，拼好之后把它们像奖杯那样陈列在架子上（幸运的是，可能也不奇怪，我倒是没有太多奖杯）。随着年龄增长，我不再喜欢乐高套装了——这是我十几岁时的玩具——我开始追求更酷的东西，比如吉他，而且对什么都满不在乎。不过，那种创作的冲动一直都在。

后来，一直到我长成二十出头的大人（就算是吧）才重新开始拼搭乐高积木。带着全新的视角回归，我发现了孩童时代从未想过的事：拼搭的过程就像冥想，当你坐下来创作，把零件一块一块拼起，时间的流逝中自有一种禅意。我还发现，可以把音乐和艺术等其他创作中的经验运用到乐高拼搭之中。六年时间里，我从一个"玩乐高积木的孩子"变成了"专业的 AFOL"（乐高成人玩家）。在这个过程中，我不断地设计、不断地拼搭，也不断地思考这些概念背后的创造力。

在这本书中，我将带你了解这些经验，它们可以运用到乐高拼搭、艺术、设计等很多方面。书里给出的种种拼搭挑战，需要你准备一些乐高积木，但也就是一些散件而已。去完成这些构想，肯定也需要一些时间，但也就是每天几分钟。这些经验也许看起来微不足道，但是，就像乐高积木一样，它们可以渐渐培养出一种心态，我希望这种心态能帮你应对未来遇到的任何挑战。

BUILD
UP

EVERY

乐高® 天天搭

1 乐高®天天搭

今天，你可以用乐高积木来拼搭一些东西。可以很小，也可以很大；可以是现实物品，也可以是抽象的艺术品；可以繁复，也可以极简；可以是新品，也可以是重拼已经玩了几个月的旧套装。也许奇形怪状，也许支离破碎，但只要拿起一把乐高积木，你就能拼出一些东西！这可以改变你的心情，你看问题的角度——甚至是重新定义你的日常生活。只要稍加练习，它就能在乐高拼搭乃至生活的其他领域，激发你解决问题的新思路。每天腾出点儿时间来拼乐高积木，可以点燃创造力，帮你克服障碍，找到属于自己的专注和心流。

为什么不从现在开始呢？去找两块乐高积木，把它们拼在一起。你已经向新习惯迈出了第一步，不管对于老手还是新手，这都将充满挑战和意义。然后，让我们大声对自己说：我要天天搭！告诉一位乐高同好，在日历、日程本或手机备忘录上勾出今天的日期，这将是一段新旅程的起点，从此你将不断拓展自己的技能和思维。

我得提醒你，“天天搭”的习惯上手很简单，坚持起来却很难。你可能会说：“不可能，亚历克。我喜欢拼乐高积木，这能有多难呢？”必须承认，即使对我自己来说，这也很难。专业的乐高搭建师是一份工作，有时候，它给人的感觉就和任何一份工作一样。不管你从事何种工作，或是在学校学习，甚至是为了乐趣而做事，都难免会遇到一些时候——可能是那么几天、几周，有时甚至是整整几个月——感到灵感枯竭。有时候我觉得自己设计的东西都不怎么样，想创作点儿东西费劲得很。但不管每天坐下来时感觉怎么样，我都要打开工作室的窗户，尽自己所能去设计。对我来说，熬过艰难时刻的秘诀在于按时出现、建立日常流程，并持之以恒。而且让人欣喜的是，那种缺乏灵感的感觉总会过去。实际上，从创作低谷中走出来的时刻，往往也正是最佳作品出现的时刻。

在家坚持下去的关键，是要养成习惯以保持自己的动力。选好时间和地点，设定每天拼搭的目标，并坚持下去。例如：在拼乐高积木的过程中，你遇到了无法克服的难题，很容易就会把它扔在一旁好几天。这么做的话，有可能你再也不会重新拿起来拼了。即使在不想做的日子里，也让自己每天坚持做一点儿，这对于掌握一项技能是至关重要的。如果你坐下来尝试设计一些新东西，但结果不尽人意，五分钟后就放下了手中的乐高积木——那也没关系！至少你还是坐下来尝试了，这比完全不做好多啦！

今天你已经成功迈出了第一步，继续迎接第二天的挑战吧！我满怀期待，想看到你在乐高拼搭和自我探索上的新发现。

拼搭任务挑战

下定决心——这周每天都要拼搭一点。

每天留出专门的乐高积木拼搭时间，并主动完成。

时间可长可短，随你高兴。

定一个目标，可以每天连续完成，也可以每次坐下来都重新开始。

记得设定一个计时器和一个拼搭目标！

PiCK A BRiCK

AND

拿起一块乐高®积木，开始拼吧！

GO!

2 拿起一块乐高®积木，开始拼吧！

对许多人——包括我自己——来说，“开始”才是创作过程中最困难的部分。尤其是设计一些原创的东西时，脑中精彩的设想往往很难用手里的乐高积木拼搭出来。想象一个疯狂的巨型机器人，它的手臂是张开血盆大口的鲨鱼，在逃离爆炸现场时能从眼睛里发射冰淇淋，这并不难；然而要把这个想法变成现实，那才是真正的挑战。当一些东西只存在于脑海中时，细节可以是模糊的。大脑会自动填补所有的空白：那些结构上的细节，它们远远不像鲨鱼手和冰淇淋光束那么酷。如果硬要去填补这些空白，反而不可避免地会导致创造力的瘫痪。

幸运的是，这个问题有一个简单的解决方法：少做计划。别去计划从哪里开始或如何开始，只管投入去做。当你拿起乐高积木并开始拼搭时，要允许让自己的技能和手头的乐高积木来引导设计的过程。不做计划直接开始，你就不会对拼出来的作品有任何过高的期望。突然间，对失败的恐惧消失了。你杰作中的第一个乐高积木就仅仅是一个乐高积木而已。

当然，也许你在开始拼搭时，已经有了一个泛泛的想法，那就尽量让它保持模糊，只想着要设计一种动物、一栋楼、一艘船，让拼搭的过程自由发展。如果你开始时想拼一只狗，但它变得又胖又灰，那就拼成海象吧。现在，海象的牙齿又拼得太长了？管他呢，象牙现在是蛇了。是的，你在拼一只用蛇做象牙的海象。这就是乐高积木的乐趣——一旦你开始拼搭，你想做什么就做什么！

拼搭任务挑战

选择一个大类，动物、植物、车辆、建筑物、人物等，然后开始拼吧。

十分钟后停下来，换成另一种完全不同的事物，

比如：把自行车变成食物，把鹦鹉变成机器人。

FIND

找到你的心流

YOUR FLOW

3 找到你的心流

如果你曾在做某件事时忘记了时间的流逝，那么你一定很熟悉“心流”这个概念。当你让自己完全投入眼前的事情中，让自己的每个想法和每个动作都服务于手头的活动时，你就找到了你的心流时刻。

进入创造性的心流，是我每次拼搭时努力达到的状态。不仅因为这是创作出最佳作品时的感觉，更因为全心投入去做自己喜欢的事本身就是一种乐趣。当我找到了自己的心流，拼搭乐高仿佛变成了一种冥想。生活中所有的压力和心头的忧愁都烟消云散，取而代之的是关于你手中创造之物的无限想象。脑中所想的一切都更专注于当下：那块乐高积木在哪里？这一块应该拼在什么角度？这个地方用红色还是深蓝色更好看？这些不断涌现的小问题吸引了你的全部注意力，每一个解决方案又将你引入下一个问题。时间不知不觉地流逝，你完全活在当下这一刻。

关于心流，我最喜欢的一点是：它把过程变成了最重要的事。当你在创作过程中找到快乐时，结果反而没那么重要了。在做自己喜欢的事情时，会很容易获得内心的平静。

拼搭任务挑战

尝试去拼搭一些你觉得超出自己水平的东西。

额外的挑战可能会帮助你找到心流。

不要在意最终的结果，专注于每一块乐高积木的拼搭。

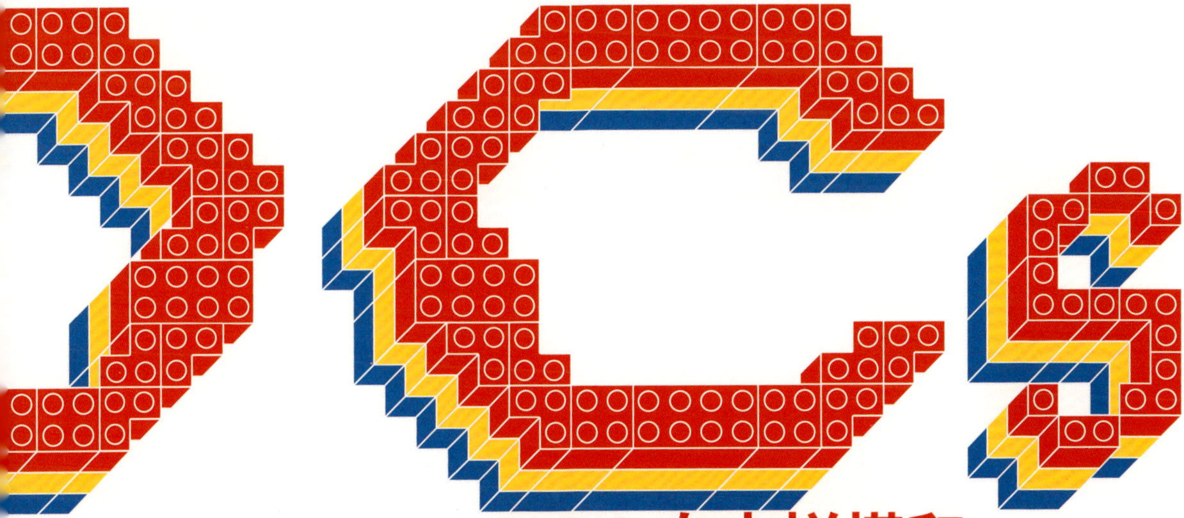

MOC 自由拼搭和

SNOT 积木转向拼搭

4 MOC 自由拼搭和 SNOT 积木转向拼搭

随着你在乐高拼搭领域的技能提升，你肯定会需要谈到自己正在使用的技术和部件。谈论这些种类繁多的官方乐高零件，有时并不太容易。有些官方名称实在颇难理解，比如顶部带有凹槽的 1×1 圆锥砖、顶部带有 1×2 曲面颗粒的 1×8 杆状砖，难怪各个年龄段的拼搭者们开发出了一套口语化的用词来谈论自己的作品。乐高粉丝们已经想出了一些很棒的名字，包括洗衣机砖、奶酪积木、MOC（自由拼搭）、SNOT（积木转向拼搭），当然还有 BURPs，意思是“又大又丑的方块”。在我看来，这个名字可能有失偏颇，但是，嘿，我可不打算与网络意见相争。

我对这些创造性的命名情有独钟。乐高集团制作了数千种不同形状的零件，建立个人语库可以帮助你更好地了解自己所拥有的乐高积木。随着练习的深入，你的个人语库将从单纯的零件名称扩展到拼搭技术的应用。我自创了一种将手臂固定在乐高人物身上的特殊方法，我戏称之为“堂吉诃德肩膀”，这是因为……我第一次用这种方法，正是在拼搭堂吉诃德模型的时候。虽然不是很有创意，但是很好用！

尽管这感觉有点儿傻气，但是为自己的材料和技术起专属名称，有助于将创作过程发展成个人化的东西。不断完善我们的创意语言，也使那些模糊和抽象的想法更加具体，进而更容易被理解。情绪如“快乐”和“恐惧”，即便没有相应的词汇，也是真实存在的。但通过命名，比如将恐惧具体化，我们就能更有效地应对它。这一道理也适用于任何创造性活动——不管是命名滑板的新技巧，还是描述绘画中特定的笔触。所以，即便是给乐高积木起一个如“双料砖”这样的名字，也说不定能帮你成为一个更好的拼搭者。

拼搭任务挑战

从你所有的乐高积木中找一块样子最奇怪的，

给它起一个专属名字，并以它为亮点搭建一个模型。

THINK
NANO

IN

微缩视角下的思考

SCALE

5 微缩视角下的思考

我最常被问到的一个问题是："你搭建过的最大模型是什么？"人们总是被大规模搭建的作品所吸引，这也不难理解，因为你能够很直观地看到为搭建一个 6 米高的乐高长颈鹿所耗费的时间和努力。老实说，我回答这个问题时，心里总有点不太舒服，因为我搭建过的最大模型（一个全尺寸的圣诞壁炉）并不是那么有趣。作为一个资深乐高模型拼搭者，我发现缩小规模带来的满足感，比起扩大规模甚至有过之而无不及。一直以来我最喜欢的搭建风格，也是一种更容易在家里复制的风格——微缩模型。

微缩是一种用尽可能少的零件来创作可识别的物品的创意。我总是把它比作极简主义的艺术概念：把某样东西简化成最基本的元素。通常，这些"基本元素"是由简单的形状和颜色来代表的。例如：一辆汽车，就是在两个黑色圆圈上面加一个长方形；一座房子，就仅仅是在白色正方形上面加一个三角形。

我最喜欢的实例是一只由 3 个零件拼成的鸭子：一块黄色的 1×2 砖做身体，一块黄色的 1×1 砖做头，一块橙色的 1×2 板做嘴。

微缩模型最重要的就是要找到适合的零件。乐高集团制作了那么多有趣和独特的零件，它们可以有许多不同的用法，似乎不可能找到最为正确的一块。但反过来说，找到正确的零件倒也不难。我喜欢从一块外形独特的零件开始，从各个方面审视它：观察这块乐高积木的每一个小缺口、曲线和角度，它有一个洞可以代表眼睛吗，或者是窗户？它弯曲的角度看起来像鲨鱼的鳍吗，还是老爷车的引擎盖？

如果你曾经观察过云朵的形状，这些话应该会与你产生共鸣。从抽象中辨认出可识别的东西是人类的本能冲动。将这种本能应用到微缩乐高模型上，既有挑战性，又是一种很好的解压方式，所需要的不过是几块乐高积木。

拼搭任务挑战

用少于 10 块乐高积木拼搭一个模型。专注于颜色、形状和用途。尝试挑战自己，能否去掉一块乐高积木，以更简单的形式表达相同的创意？

915,
103,
765

915, 103, 765 种组合方式

6 915, 103, 765种组合方式

关于乐高积木，有一件有趣的小事：只需要 6 块普通的 2 × 4 乐高积木，你就可以拼出 915, 103, 765 种独特的组合，这简直是个天文数字。如果你每 5 秒钟拼出一个组合，那得不间断地花上 145 年才能拼出所有！而这 915, 103, 765 种组合所用的乐高积木数量，你一只手就能抓得过来，这对我来说，简直不可思议。

当你开始创作时，面前总是有那么多的可能性、那么多的道路等着我们去探索。每一点进步、每一个可能出现的结果都包含着那么多的创意、灵感和感情。我们很自然地就想从各个方面去攻克，什么都想尝试一下。但无限的可能性又引出了无数的问题：“也许我应该画这个而不是那个？如果我这样做会不会好一点？用什么颜色？什么画笔？什么风格？是否应该做成雕塑而不是绘画？以前做过吗？”这些问题可能是有意识的，也可能是无意识的，但它们会削弱你的信心。它们会让你什么都想试一试，去追逐 10 个尚未成形的想法，而不是专注于某一个构思。

看似无限的可能性确实令人难以抵挡（这会让你眼花缭乱），但当你选择了一个方向并全身心投入时，其他数百万的可能性就消失了。当然，你最终可能只找到了无数条路中的一条，它甚至可能不是其中的最佳方案（如果真的存在所谓的最佳方案）。但在这个过程中，你已经能够有目的地追求自己的方向——专属于自己的方向。有时候，找到一个方向就足够了。

拼搭任务挑战

用 6 块 2×4 的乐高积木来拼搭一个小模型。
给它起个名字，拍张照片，这就是你的专属作品啦！
把照片挂起来，每次开始新创作时，都提醒自己：
你需要的就是选定一个方向并走向终点。

THE

OF

锦上添花的乐趣

LANDSCAPING

7 锦上添花的乐趣

当我们拼搭乐高积木或创作其他任何东西时，很容易因为太专注于结果而分心。当你还在跑着的时候，就想着赢得比赛；还没开始射门，就想着要进球；还没开始第一次约会，就想着结婚。为了一个想象中更好的终点，你却忽略了当下的快乐。虽然“专注于奖励”很重要，但脑中不设终点、单纯的拼搭和创作也自有一种独特的乐趣。这种不设终点的搭建风格，在美化布景中得以完美体现。

对很多拼搭者来说，布景通常是最后添加的——为模型的生活场景增加一些背景和装饰。不过，用几十块灰色斜面砖拼出一面悬崖峭壁，或者用无数绿色板块搭成连绵起伏的山丘，其中自有一种简单的乐趣。我认为这种乐趣来自这样一个事实：当拼搭一座山时，并没有真正明确的“终点”——这是一个无休止的叠加过程。如果花 1 小时，你拼出了一座山，你花 10 个小时，就能拼出更多的山，如果花 100 个小时呢？那就是很多很多的山。

我不断地重复“山”这个词，现在这个词已不再是原本的意义，在某种程度上，更象征着这种“不设终点”的拼搭理念。一块又一块的重复，变成了一个冥想的过程。这种心流的状态，还有另一个很大的好处——你可以想停就停，不存在所谓的错误步骤。

拼搭任务挑战

拼一座彩虹山，想拼多长就拼多长。

SMALL

PARTS

分解步骤

8 分解步骤

如果你在过去的 20 年中拼过乐高积木，应该很熟悉给装零件的袋子标号的做法。等一下！我知道你已经无聊到要哭了，但不要翻页！没错，“袋子标号”可能是所有乐高套装中最无趣的部分，但在这些粗体字的编号中，暗含了一个很重要的经验，可以用来应对所有看起来很难的挑战。

在处理那些庞大而复杂的事情时，我们总感到无从下手。如果你要拼一个数千块颗粒的套装，需要先把它分解成小的步骤。标了号的袋子把整个拼搭过程分解成了更小更易完成的部分。当你一个接一个地完成它们时，就能得到持续不断的成就感。这些小胜利带来的满足感会帮你抵达最终的目标：完成整个模型。

在设计自己的乐高作品时，这些目标会变得更为抽象。旁边没有那个令人安心的皱巴巴的 7 号袋子，我们只能自己一步一步设定目标。在设计复杂的模型时，我经常使用一个策略：先在纸上分解步骤。以海盗船为例，要完成这个模型，我需要拼建桅杆、帆和一个鸦巢。船的主体可能让人望而生畏，但我可以将它进一步分解，单独设计出舷窗、侧栏、方向舵和船头。当然啦，为了让布景更加生动，我们的设计列表中还得加上一个带着海浪的蓝色底座、许多海盗小人仔和十几箱朗姆酒。

用这种方式来分步骤拼搭，你其实是在做一个“拼搭清单”。每从清单上划掉一项，就花点儿时间好好欣赏一下目前的成果。让每一个小小的胜利引领你走向下一个挑战，这样你就能快速应对那些最复杂的挑战。

拼搭任务挑战

构思一个超出自己水平的乐高模型，

看起来要很大、很复杂，反正就是难度要很高。

选择一个看起来并不重要的小细节开始拼搭，将它标记为“步骤一”。

REBUI

REB

REBUI

重拼，　　重拼，

LD
UILD
LD
再重拼

9 重拼，重拼，再重拼

如果说有件东西是每一位乐高乐园里的模型搭建师都会做的，那肯定是“迷你乐高人仔”。天啊，天啊，你得拼一大堆迷你乐高人仔，简单说，那就是一个用乐高积木拼成的乐高人仔的模型。他们的身体是几块 2×4 砖，脑袋就是一块简单的砖，头发则是几块板组成的。铰链板当作他们的手臂，把斜面砖倒过来就能变成他们的腿。在每一个乐高乐园的乐高城市里都有数百个这样的乐高人仔模型。

在一遍又一遍拼搭这些人仔模型时，你慢慢会发现可以在哪里做一些小小的变化，来赋予每个角色一些特色；用水平卡口板代替常规底板，可以使头发更有质感；把 2×4 砖换成 2×3 砖，会让人仔的腰更纤细；让臀部稍稍倾斜，再将一只手搭在那里，会立刻赋予这个小家伙不羁的个性。一次又一次重复拼搭同样的东西，会使你逐渐熟练。这种熟练能创造出一个舒适区，你可以从中去探索新的风格和技术。有了已被验证的可靠方法，就好像准备了一张安全防护网，你可以更放心地去探索和成长。

拼搭任务挑战

选择一个小的乐高主题套装或者原创设计，拆开，重拼两次。

再重拼一次，这次要对初始设计做一个小小的改动。

重复一遍。重复一遍。重复一遍。重复一遍。重复一遍。

ONE

一次拼一块

AT A TIME

10 一次拼一块

对很多人来说，从按图纸拼搭到独立设计，是很难实现的飞跃。从零开始创造任何东西都可能让人不知所措。这就像烹饪或烘焙——怎么才能用熟悉的方法创造出自己的独家秘方？从哪儿入手呢？呃，别把那本完美的食谱扔掉！

当你开始独立探索时，最好以一个可靠的基础为开端。要给自己的创作设定界限，即使这听起来好像违背直觉。虽然规则在某种程度上往往被认为是限制性的，但它们也有助我们迅速聚焦于一个愿景。因此，从搭建主题套装到自由拼搭，一开始最好是在已有的套装内进行尝试，把按图纸拼好的模型重新改造，拼成自己的作品。

最开始不需要彻底改造，可以简单一点儿，比如：重新排列乐高花的花瓣，或者改变一下建筑物屋顶瓦片的图案。这么做的目的，是为了练习按照自己的审美来进行设计。现在评估一下，改造之后是不是更好看了，还是更糟了呢？继续修改，直到你满意为止。当你进入这种改造的节奏时，允许自己拆得越来越多。别担心是否还能拼回原样，你正在把它变成自己的专属作品，再说了，实在不行，还有图纸可以参考呢。

拼搭任务挑战

从架子上找一套久未使用的乐高主题套装，逐个重新组合这些积木块。只使用这些零件，逐步尝试拼搭一些原创作品。

BUILD DUCK

拼一只鸭子

A

11 拼一只鸭子

当我在亚利桑那州的乐高乐园得到这份模型搭建师的工作时，自己也感觉怪怪的。我真不觉得自己算什么专业人士。而这工作的头衔如此崇高，包含着如此多的期望，让我觉得自己根本无法胜任。第一年，我觉得自己的技术水平和头衔根本无法匹配，好像是在冒名顶替，还发现我经常把自己的工作和别人的工作做比较，经常羞于展示自己的作品。当我整天都在质疑自己的技能时，根本找不到拼搭的乐趣。

最终帮我摆脱这个循环的，是一句口号，每当自己又落入自我批判的思维方式时，我都会一次次告诉自己：“不必做到完美。”尤其是拼搭乐高积木时，根本没有所谓的完美。在无穷无尽的可能性面前，完美是不存在的。

人们总是过分关注事物的缺陷，尤其是对自己的作品。不足之处不可避免，承认和接受这一点，让我们更能够把握全局。现在，退后一步，深呼吸，你就能同时看到自己的成功和不足。你不必为自己的作品欣喜若狂(就此而言，甚至都不必感到高兴)，但你也要意识到：即使这只是你未来作品的垫脚石，它也有自己的价值。

乐高集团在新员工培训的初始环节，会进行一项经典活动。他们为在场的每个人提供了一套相同的积木，设置时间，并给出一个简单的指令：请拼一只鸭子。（乐高集团最早的玩具之一就是一只木头鸭子，这一活动巧妙地呼应了公司的初心。）在时间截止前，每个人都争先恐后地组装核心部分：头、嘴、身体、腿。瞬间，房间里就摆满了各种形状和大小的鸭子——高的、方的、扁的、独腿的。你猜怎么着？到头来，这些都是鸭子。在乐高玩具体系中，拼鸭子是没有所谓“正确方法”的，只有属于你自己的方法。

允许自己不带期待地去创作。即使觉得自己的设计不够好，也没关系：在做这些“不好”的东西时所付出的努力，会让你成为一个更出色的设计师、艺术家、工程师，或者任何你感兴趣的目标。每天提醒自己这一点，是作为艺术家的最佳防线，可以保持不断成长和进步的心态。

拼搭任务挑战

在 3 分钟之内，用 6 块乐高积木拼出一只鸭子。

拼完后，花点时间来欣赏一下自己的成果，同时也要承认还有改进的空间。

拆掉它，还用这些积木，试着换种方式再拼一只鸭子。

FLIP
UPS
DOW

倒过来试试

12 倒过来试试

我最喜欢的一个零件（编号 26047）的反面藏着一张小小的笑脸。当然，这完全是无意中发现的。这个零件，一端带有水平连杆，另一端是个圆形单凸颗粒。底部的孔（用专业术语来说就是凹点）深处呈现的是圆形，浅处呈现的是方形。连杆的连接处，有两个很小很小的孔。这只不过是制造工艺带来的副产品，不过，如果和那个半圆形的凹点一起看，真的很像两只眼睛和一张正咧开大笑的嘴。

从那以后，我用这种乐高积木建立了一支超级迷你、超级开心的蜗牛大军：我把它们送给来亚利桑那州乐高乐园拜访我的客人，还用它们来讲解负空间的概念。不可思议的是，我已经用这种零件拼搭过几十次了，才偶然发现这个藏在底部的小秘密。它一直就在那里，但直到我从一个新的角度去看，才发现它。

在面对创意挑战时，你不可避免地会遇到瓶颈。突破的方法之一就是改变自己的视角，从另一个角度来看待这个问题。比如：从最后一句精彩的歌词开始反向创作，或者从脚向上画速写，抑或是把你正在拼搭的桥翻转，变成一个更酷的隧道。与其等待解决方案出现，不如主动去改变自己看待问题的角度，你可能会在意想不到的地方发现隐藏的宝藏。

拼搭任务挑战

找出你拥有的最大的一块乐高板形颗粒，把它倒过来。

以此作为模型的基础，

注意这种上下颠倒的方式是如何强迫自己从不同角度去看待这些零件的。

BACK
THE

TO BIN

回到原点

13 回到原点

失败，是成功最重要的一部分，虽然它听起来不像什么好词。失败了。你失败了。你搞砸了，一切都很糟糕。收拾起来吧，你完蛋了。当事情不成功的时候，我们很容易这么想。但这些都不是真的，你并不是失败了，只是排除掉了一些错误方案。

我们拼搭模型时，不可避免地会遇到这种时刻——看着自己的作品忍不住说：“不是吧……这也太烂了……我做的是啥东西啊？”但这并不意味着你眼前这个乱七八糟的 MOC（自由拼搭）没有价值。从各个角度仔细看看它，有可能某些角度看起来还行，甚至还挺好的！就算它们真的不怎么样，也可以把其中你喜欢的部分重新用到另一个新设计中。如果你花了两个小时想拼一头雄壮的狮子，结果它看起来就像一只疲惫的狗，你也没有失败或浪费时间，这两个小时让你更接近自己的目标。一个方向行不通也没关系，只要回到原点，探索另一种可能。重新开始时，你将更有能力创造出脑海中的杰作。

我得说一句，这有点像一个不断“洗牌和重复”的过程。以我自己作为搭建师的经验来说，一个模型得尝试三四次，才能找到一种自己满意的方式拼完。在第二次或第三次重拼时，很容易感到气馁，但我发现记录这一过程可能会有所帮助。在拆开重拼之前，先把那些失败的尝试拍下来，这么做有两个作用：第一，你有参考图片，可以避免犯两次同样的错误；第二,一旦你成功拼出了模型，还可以看到整个改进过程。接纳，甚至庆祝自己的失败吧，正是它帮助你成为一个更卓越的拼搭者。

拼搭任务挑战

给“失败”的乐高作品拍张照片。继续尝试，直到拼出自己满意的样子。

把成品和半成品的照片都展示在工作区，

提醒自己：失败只是过程的一部分。

FIND
HID
HA

THE
DEN
CK

找到隐藏的捷径

14 找到隐藏的捷径

用方形零件拼出圆形是乐高拼搭中的一个挑战。再把圆形拼成三维立体球形则是另一项考验。实际上，乐高专卖店新入职的模型搭建师要面对的测试之一，就是用乐高积木拼搭出一个完美球体——即使从二楼摔落，也不会散落一地。要是现在拼搭球体对你来说有点太难，也别担心——这其中有个秘诀。

球体的特性在于，它在各个角度都是一样的。这意味着，如果你设计出球体的上半部分，就可以完全复制出下半部分。进一步来说，每个半球可以被分成 4 份，就像把一个彩色的塑料派切成 4 大块（你可不要吃乐高积木哦）。你只需要设计其中一块，其他 3 块便可依样复制。说到底，你真正要设计的仅仅是球体的 1/8。虽然不管切成多少份，这都不是一个简单的任务。但用这种分解的方法，事情好像变得容易多了。

其实在你的每个项目中，都隐藏着很多类似的小秘诀（或者用网络流行语来说，就是“破解法”）。在开始搭建一个项目时，先找找秘诀，这可以帮助你在后期避免很多不必要的压力。别把做事情的“艰难的方式”等同于“最好的方式”：寻找简捷的方式是一种智慧，而不是作弊。如果你看过画家鲍勃·罗斯[1]的作品，你就会知道，他并不是一片一片去画树上所有的叶子，而是寥寥数笔就创造出了整个森林。如果有人说你做事走捷径（首先，他们错了），告诉他们你是在用鲍勃·罗斯的方式进行创作。

拼搭任务挑战

拿出一块 8×8 的板，两侧各添加一块 1×6 板，让它显得“更圆”一点儿。

把这个形状做成 5 层板子厚：这就是球体的中心。

试着拼出一个球，记住你只需要设计 1/8。

1 鲍勃·罗斯（1942–1995），美国著名艺术家、教育家。

TAKE
INVE

盘点库存

N T O R Y

15 盘点库存

关于如何拼搭乐高套装，目前有两种流行的理论。有些拼搭者只是把零件倒在桌子上就开始拼，还有些则一丝不苟地按照颜色或形状将零件分类，营造出一个井然有序的工作空间。最开始，我属于“喜欢混乱”的阵营，但随着时间的推移，已经开始倾向于更加有序的工作方法。随着我的乐高工作室里零件越来越多，我发现自己很享受整理和盘点零件带来的那种安静的冥想状态。虽然订购一个新套装，或者花一天时间去挑选自以为需要的零件总是很诱人，但我觉得花点儿时间来盘点现有的东西也同样重要。

我们用业余爱好来放松，使自己从“现实世界”的压力中解脱出来。不过，有时候这些爱好也会让人觉得费心费神，比如:清洗画笔上的旧颜料；给吉他换弦；按菜谱备齐所有的食材；整理你的乐高积木。这些活动虽然不是我们主要爱好的核心内容，但也起着重要的作用。如果我们能在这些小插曲中找到乐趣，那么它只会加强我们对这项爱好的热情。让这些保养时刻成为小小的仪式。利用这些时刻，想想自己作为乐高拼搭者，技术有了多大进步，思考下一步你想做什么、想实现什么。在慢慢盘点的过程中，你说不定还能发现一些自己早已忘掉的零件。

拼搭任务挑战

把你的藏品拆开，全都摆在桌子上，按颜色和形状分类。
试着找到一些已被自己遗忘的乐高积木和零件，
好好想想怎么重新启用它们。

与乐高®点点世界相结合

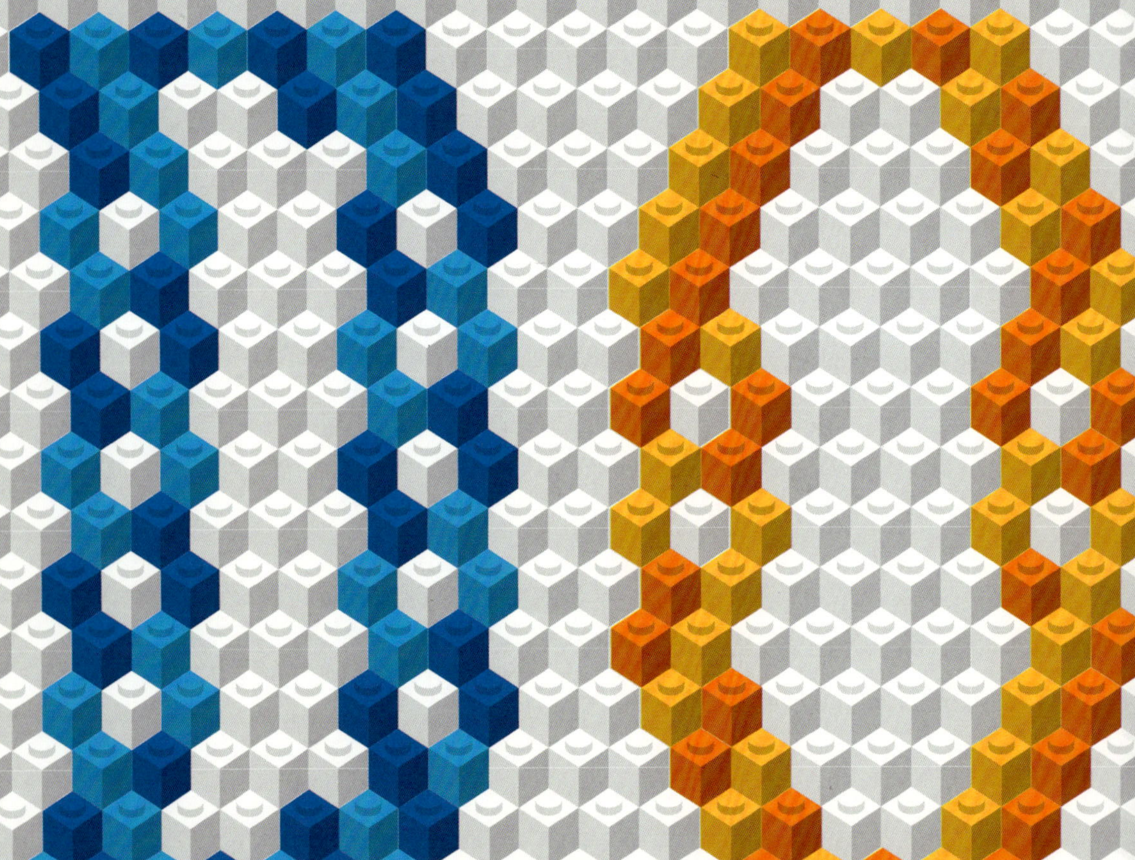

(还有光面板，

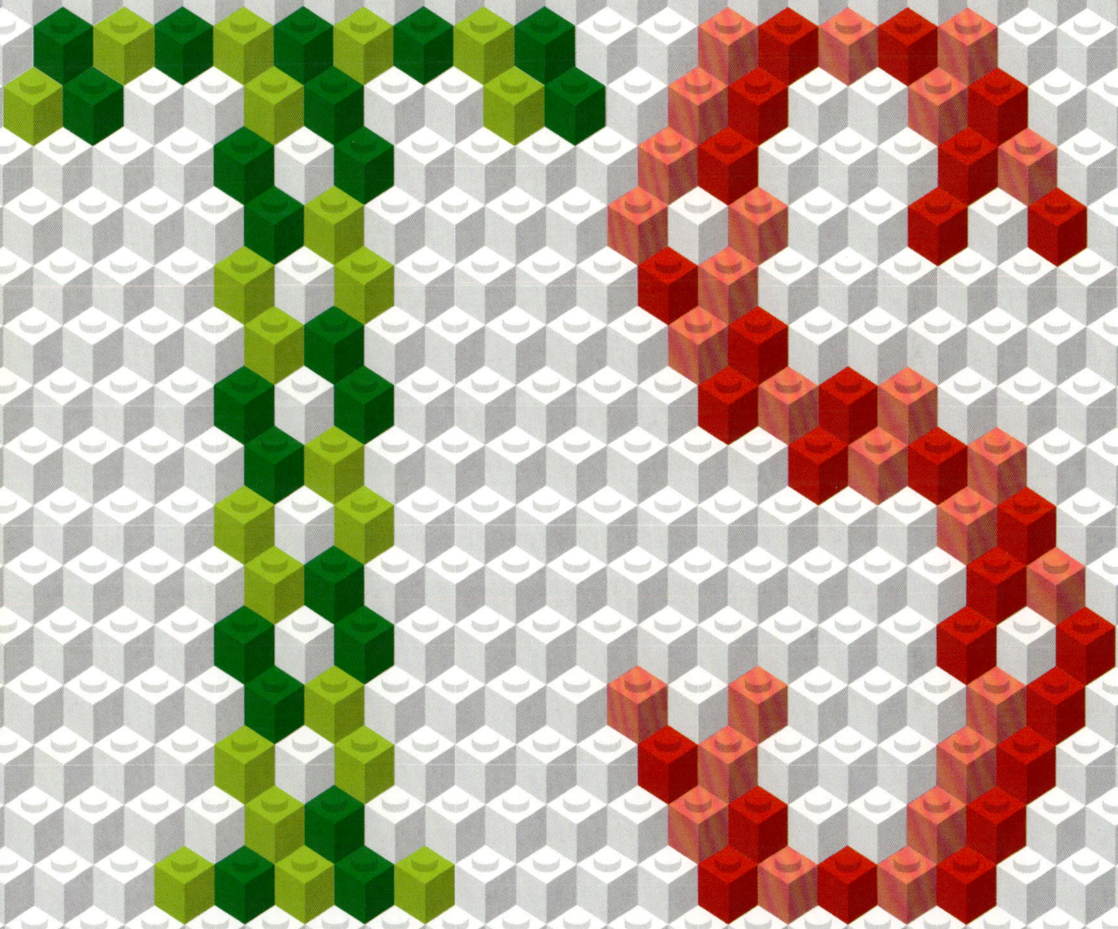

还有底板）

16 与乐高®点点世界相结合（还有光面板，还有底板）

一提起乐高积木，你的大脑很可能就会想起那些传统的主题套装：摩天大楼、宇宙飞船、栩栩如生的机器人，它们在三维空间中完美呈现。不过，使用乐高积木也能创作出令人满意的二维马赛克艺术。只使用单层的底板、凸点和光面板，就可以创作出充满活力且令人印象深刻的艺术作品，就像经典电子游戏激发了安迪·沃霍尔等波普艺术家或者“像素”艺术的灵感。

当你进行一个二维而非三维的拼搭工作时，必须更谨慎地考虑透视关系。如果你的目标存在于三维世界，它从各个角度看起来都会有所变化。向你靠近的物体会显得更小或角度奇怪，与你的视角成垂直的部分又会显得过大。重要的是，要让大脑把眼睛看到的东西“平面化”到二维世界。你得训练自己从平面的角度去看待眼前的东西，并按这个样子拼搭，而不是依赖于脑海中的想象。

假设你正在设计一个飞机起飞的马赛克作品。你可以选择从侧面来表现它，这样就能同时看到背景中的日落。从这个角度看，有一个机翼朝向你，另一个则指向远处。背向你的机翼大部分会被遮住：只能看到它从机身旁边露出的一小部分。这时候，聪明的大脑就来介入了："那边还有一个翅膀！我知道！飞机有两个翅膀！快在另一面加上一个翅膀！"你一定要抵挡住这种诱惑，告诉自己的大脑："你很聪明！我为你感到骄傲！但从这个角度看起来不是这样的。"刚开始你可能会有一些抵触，但当你把偏见放在一边，允许自己按照眼前的样子去看待事物，就能更有效地理解和转换周围的环境。重要的是，千万不要把自己的想象和它实际的样子混为一谈。

拼搭任务挑战

利用家里的物品布置出一个静物场景，
在 32×32 底板上拼搭一幅马赛克图画，
试着将眼前的场景用平面的形状和颜色来呈现，而非它们的三维形象。

STA
AT

从 1×1 砖块开始

17 从 1×1 砖块开始

乐高模型多年来取得了巨大发展。1932 年，乐高集团在丹麦比隆成立。如今我们所熟知的乐高颗粒（用 ABS 塑料制成）首次发布于 1964 年。从那开始，我们看到了各种标志性的乐高主题套装，比如小人仔系列和机械组系列，以及偶尔出现的奇怪但迷人的怪咖（比如：异次元防卫者盖里多……）

随着不断的创新和进步，一些乐高套装的复杂度也大大提升了。丰富的配件结合乐高设计团队的精湛才华，创造出了一个包含各种先进技巧、风格和创意的资源库，使现代乐高套装既令人惊叹又充满挑战。不过，这些疯狂的新技术并不应该让我们忽视：是什么让乐高积木在 1960 年代如此风靡。如果你能恢复初学者的心态，就能发现:用几个基本款零件拼一座简单的塔，和制作一本立体书同样有意义。

对初学者来说，一切都是崭新的，充满了可能性。任何新技术和新零件都会打开创作的新世界。然而，随着搭建的作品越来越多，你的技能也不断增加，很容易失去那种好奇心。当你觉得自己一切都见识过了，就很难被什么东西打动了。

幸运的是，我们不必陷入这种轻蔑的态度，这是一种选择。它不仅让你很难去享受自己的爱好，也会成为你突破瓶颈期的一种障碍。敞开心扉去欣赏那些基础的和简单的东西，可以丰富自己的体验。当你能同时享受简单的和高阶的事物，那就能得到更多乐趣啦。

拼搭任务挑战

只使用你收集的 1×1 砖块来设计一些模型。

NI
PA
US

零件妙用

18 零件妙用

在做模型搭建师的第一年，我有一个固执的习惯：每当设计新东西时，都尽量不去看其他人的类似作品。我总有种奇怪的想法，要是看过其他人的设计，就会影响自己的构思，这仿佛也是一种剽窃。在多年的乐高模型搭建生涯中，我为自己做的最明智的一件事，就是意识到这种思考方式是愚蠢的。天才街头艺术家班克斯曾经说过："优秀的艺术家模仿，伟大的艺术家剽窃。"这句话是他引自毕加索的。

我可不是让你直接剽窃别人的设计在互联网上卖钱。这太差劲儿了，请别这样。我的意思是说，即使你全盘借鉴了现有的乐高套装，自身的想法和风格也一定会渗透其中，使之成为自己独有的作品。在乐高行话中有一个术语"NPU（Nice Part Usage）——不错的零件用法"，意思是说："嘿，乐高同好，我看到你的作品了，棒极了，令人激动！"每个乐高零件都可以有无数种用法，所以夸别人一句"NPU"是为了鼓励他们的创意和大胆跳出固有的思维模式。

艺术、设计和工程在本质上都是集体性的，创新往往是站在巨人的肩膀上。所以，与其假装自己孤军奋战，为什么不向其他乐高同好求助？看看他们是否已经有了解决方案，能对你的问题有所帮助。

如果你能用乐高积木拼搭出一架望远镜，让人回望过去，然后当你把它对准今年新发布的任何一个超级复杂的专家级套装时，就会看到一长串的设计师和拼搭者的名字，甚至可以一直追溯到 1954 年乐高套装首次发布的时候。他们中的每一位，都曾竭力从前辈们那里汲取绝妙的灵感。

如果你真的拼出了这个现实中难以实现的乐高望远镜，请一定要把它的照片发到网上，这样我就可以借鉴你的创意了。

拼搭任务挑战

从一个乐高套装中选取一些现有的零件——功能性的乐高机械组装置，模块化的屋顶、汽车的底盘——使用这些零件作为自己设计的基础。

EMBR

BLUE

ACE

拥抱“蓝天思维”

THE

19 拥抱“蓝天思维”

拼搭乐高积木之所以如此令人轻松愉快，部分原因在于给你提供了明确的指导。你不必担心从哪里开始，只需要打开拼搭说明，看看第一步。随着拼搭能力的提升，你可能会希望从专门的套装过渡到自由拼搭（MOC）。这意味着要放弃步骤清晰的拼搭说明，代之以令人兴奋而又充满挑战的自由想象（建议配上威利·旺卡的音乐！）。尽管在设计时肯定会遇到无数挑战，但在思考“如何拼”之前，一个经常被忽视的问题是：决定“拼搭什么”。琢磨出一个好点子真的很难。正因为乐高积木可以搭一切，这种自由反而有时会让人无所适从。

应对灵感丧失的一个有效方法是“蓝天思维”。按这种思维方式来说，不存在糟糕的创意，一切都是有效的，没有什么“太大”或“太复杂”之说。不设限的思维方式让你的大脑畅通无阻地飞速运转，由一个灵感激发另一个灵感，由坏主意激发出好主意。一些无比宏伟和精致的东西可以作为灵感基础，激发出同样精彩但更接地气的作品。在创作过程中，最难的部分往往就是开始起步和积累动力。当你允许自己去畅想而不期望一定要实现时，你就进入了一种创造性的状态，那些既现实又极具创意的想法也将开始源源不断地涌现。

拼搭任务挑战

如果拥有无限的零件和时间，你想拼什么？

以你的答案为灵感，拼搭一个缩小版的模型，

或者尝试为自己的宏伟蓝图设计其中一个细节。

回归

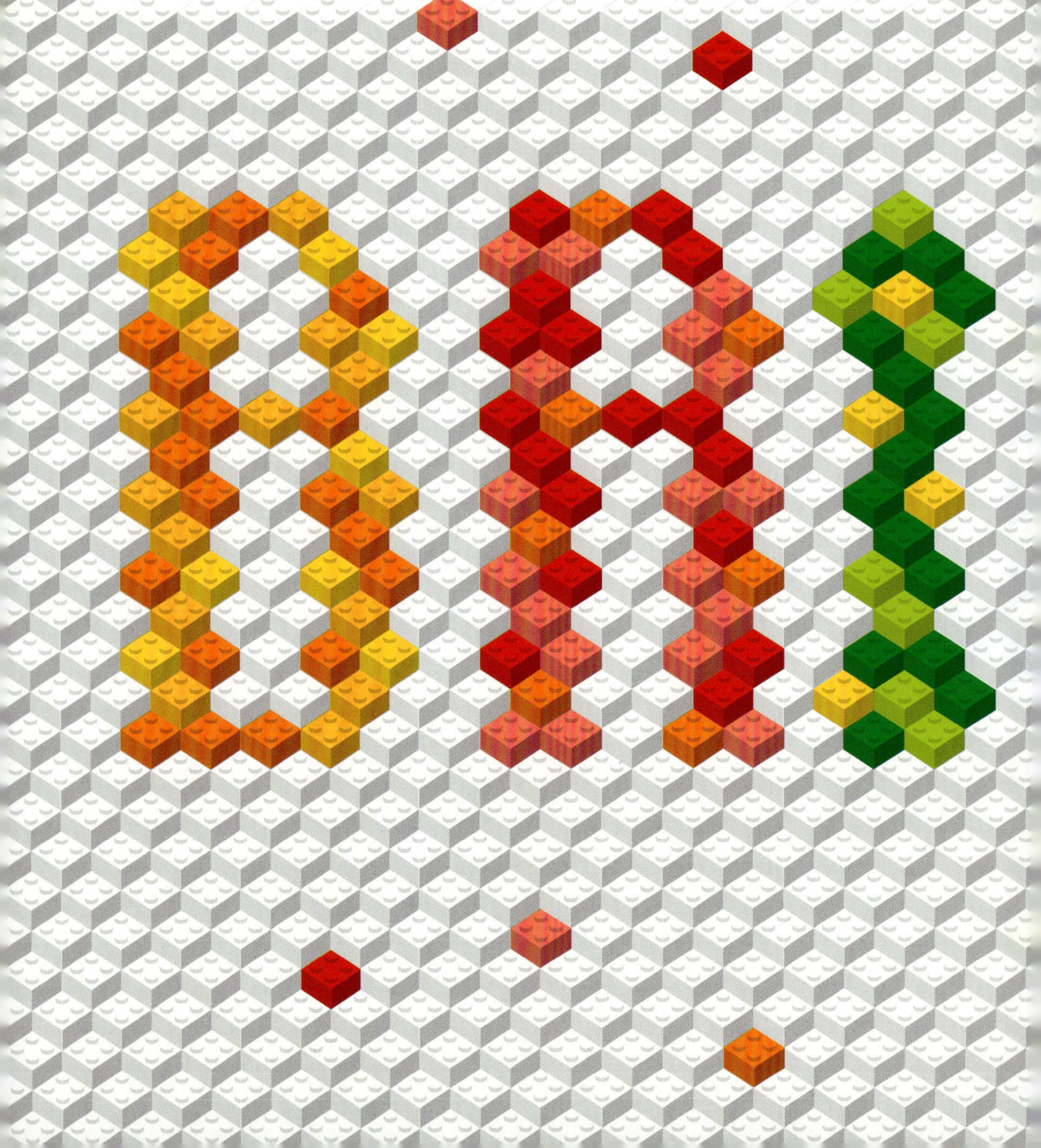

积 木

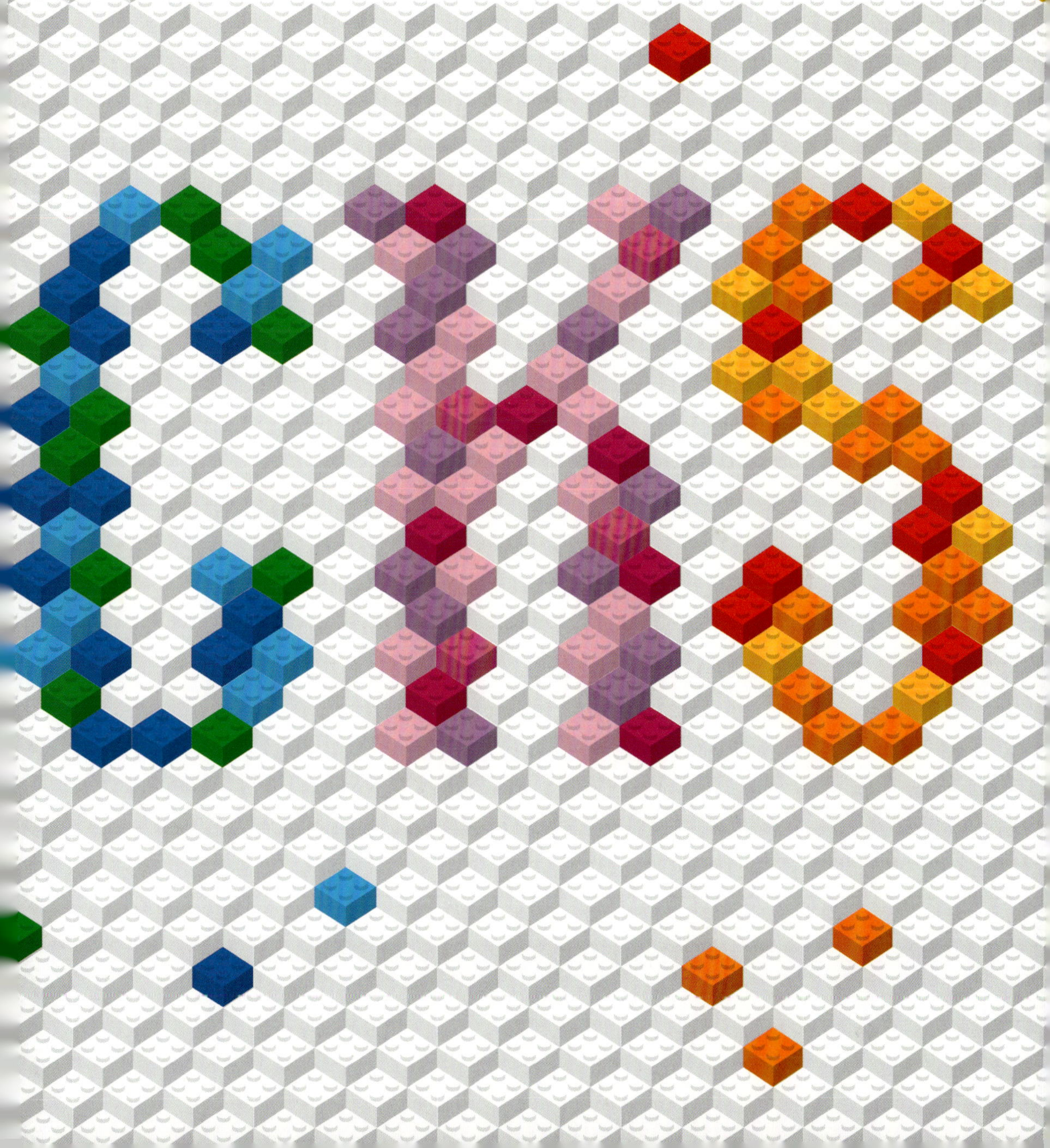

20 回归积木

作为乐高模型搭建师，我在工作中总是被问到同样的问题，一遍又一遍。其中最常见的是，“如果这个或那个模型被弄坏了，你会多生气？”实际上，虽然我不喜欢看到自己的作品被破坏，但也很快意识到不必过分看重模型的完整。一大群小孩的破坏力是惊人的，即使是设计最专业、黏合牢固的模型，也有可能被弄坏。我见过摩天大楼被从桌子上扯下来，也见过整个模型架从墙上坠落。乐高模型的破坏也是乐高拼搭游戏的一部分，我认为与其说是一场悲剧，倒不如把它看作一个新的机会。

模型刚掉到地板上摔碎的那一刻，可能很令人伤心。给自己一点儿难过的时间，但别太长。你可以重拼一遍套装，重温一下当初令你动心买下它的感觉。即使拼搭说明已经扔了或者找不到了也没事，乐高所有的拼搭说明网上都有，也就是说没有一个套装永远是坏的。你也可以以此为良机，尝试一下自由拼搭（MOC）。要是你一直想试试不按拼搭说明自由拼搭，却没找到好机会，那就以此为契机开始吧。乐高积木的美妙之处在于，它永远不会真正摔碎，只是变回到松散的积木而已。

拼搭任务挑战

拼搭一个注定要摔碎的模型。

设计一种壮观的方式，让它摔下来，好好享受那种宣泄的快感。

MINI
MIND

FIGURE

学习乐高®小人仔心态

SET

21 学习乐高®小人仔心态

1978 年发行的一款乐高小人仔，有着与众不同的表情——面带温暖会心的微笑，粉丝们亲切地称之为“两点加一线”。这个乐高小人仔的表情已经成为世界通用的标志——象征着创造力、游戏和纯粹的想象力。乐高小人仔代表了我们所有人以及我们所处世界的无限可能性。最初的乐高小人仔一定很高兴来到这里，无论是外太空探索，还是在乐高城市传递信件，乐高小人仔的喜悦溢于言表。看到那个笑容，你也会情不自禁地回应一个微笑。

当我在工作或生活中遇到困难，比如在一个项目上毫无进展或找不到灵感，有时也会试着去找一种乐高小人仔心态。别误会，我并不是说你只需微笑就能解决问题，这也算不上什么好方法。但我觉得，乐高小人仔可以提醒我们每天都要心存感激——在最艰难的时刻，也要努力去找到哪怕是一点点好的东西。乐高小人仔心态使我记得：每天都要停下来，暂停和反思——这让我成为一个更好的搭建师，一个更好的人。

拼搭任务挑战

给自己建个家。

我知道，这一开始听起来有点可笑。

但也没别人在看，所以就放手去做吧。

在这个理想的生活空间里，用乐高小人仔代表你生活中的人物。

谁会在那里？有什么一直想说的心里话吗？

以此提示自己去反思和庆祝你所珍视的感情。

BE
BUIL

YOUR OWN

做独一无二的乐高®拼搭者

DER

22 做独一无二的乐高®拼搭者

“做自己”是我最不喜欢的一条建议，因为这是通用的、空泛的，对我们没有任何帮助。人们在搜索“如何更有创意”的建议时，首先想到的几乎都是这个。人很难不做自己。根据定义，你做的任何事都反映了你自己。但我明白这句话背后的含义，因此，作为对这条最不喜欢的建议的回应，我提出一个同样通用（但希望更有指导性）的老生常谈——为自己而做。不管你在做什么，都要根据自己的愿望和理由去做。

在你的爱好和艺术活动中，个人的快乐和自我价值是最重要的。我们有许多不同的方式与乐高体系进行互动——乐高小人仔摄影、马赛克拼搭、自由拼搭，或者只是收集每一个乐高系列套装，这些都可以成为获得乐趣的方式。按照自己的节奏、以自己想要的方式去做，任何事情都会更有回报、更有价值，也一定会做得更好！

从别人的作品中寻找灵感是很好的，但是当你开始把自己的作品和别人的作品进行比较，或者因为觉得他们的作品“更好”而开始模仿时，你所做的一切都是在扰乱自己的创造力。长远来看，这样只会让事情变得更加困难。不要害怕，不管做什么，都要去拥抱自己的直觉，倾听自己内心的声音。

拼搭任务挑战

以自己为原型做一个乐高小人仔，

放进你最喜欢的乐高套装里。

作者简介

亚历克·波斯塔，生活在美国亚利桑那州的凤凰城。2016 年，他赢得了乐高拼搭大赛，成为亚利桑那州乐高乐园探索中心的模型搭建师。亚历克设计和搭建定制模型，并为客人开发课程、策划活动，强调寓教于乐。除了搭建乐高，他还喜欢音乐、烹饪、和妻子贝基以及朋友们玩棋盘游戏。